Get Your Bag Sis!

Get Your Bag Sis!

Get Your Bag Sis!

Get Your Bag Sis!

Get Your Bag Sis!

Get Your Bag Sis!

Get Your Bag Sis!

Get Your Bag Sis!

Get Your Bag Sis!

Get Your Bag Sis!

Get Your Bag Sis!

Get Your Bag Sis!

Get Your Bag Sis!

Get Your Bag Sis!

Get Your Bag Sis!

Get Your Bag Sis!

Get Your Bag Sis!

Get Your Bag Sis!

Get Your Bag Sis!

Get Your Bag Sis!

Get Your Bag Sis!

Get Your Bag Sis!

Get Your Bag Sis!

Get Your Bag Sis!

Get Your Bag Sis!

Get Your Bag Sis!

Get Your Bag Sis!

Get Your Bag Sis!

Get Your Bag Sis!

Get Your Bag Sis!

Get Your Bag Sis!

Get Your Bag Sis!

Get Your Bag Sis!

Get Your Bag Sis!

Get Your Bag Sis!

Get Your Bag Sis!

Get Your Bag Sis!

Get Your Bag Sis!

Get Your Bag Sis!

Get Your Bag Sis!

Get Your Bag Sis!

Get Your Bag Sis!

Get Your Bag Sis!

Get Your Bag Sis!

Get Your Bag Sis!

Get Your Bag Sis!

Get Your Bag Sis!

Get Your Bag Sis!

Get Your Bag Sis!

Get Your Bag Sis!

Get Your Bag Sis!

Get Your Bag Sis!

Get Your Bag Sis!

Get Your Bag Sis!

Get Your Bag Sis!

Get Your Bag Sis!

Get Your Bag Sis!

Get Your Bag Sis!

Get Your Bag Sis!

Get Your Bag Sis!

Get Your Bag Sis!

Get Your Bag Sis!

Get Your Bag Sis!

Get Your Bag Sis!

Get Your Bag Sis!

Get Your Bag Sis!

Get Your Bag Sis!

Get Your Bag Sis!

Get Your Bag Sis!

Get Your Bag Sis!

Get Your Bag Sis!

Get Your Bag Sis!

Get Your Bag Sis!

Get Your Bag Sis!

Get Your Bag Sis!

Get Your Bag Sis!

Get Your Bag Sis!

Get Your Bag Sis!

Get Your Bag Sis!

Get Your Bag Sis!

Get Your Bag Sis!

Get Your Bag Sis!

Get Your Bag Sis!

Get Your Bag Sis!

Get Your Bag Sis!

Get Your Bag Sis!

Get Your Bag Sis!

Get Your Bag Sis!

Get Your Bag Sis!

Get Your Bag Sis!

Get Your Bag Sis!

Get Your Bag Sis!

Get Your Bag Sis!

Get Your Bag Sis!

Get Your Bag Sis!

Get Your Bag Sis!

Get Your Bag Sis!

Get Your Bag Sis!

Get Your Bag Sis!

Get Your Bag Sis!